# ¡A trepar!

de **Dana Meachen Rau**

Asesora de lectura: Nanci R. Vargus, Dra. en Ed.

**Marshall Cavendish**
Benchmark
Nueva York

# Palabras ilustradas

 árbol

 ardilla

 banana

 baranda

 bomberos

 brazos

 escalera de mano

escaleras

 mico

 montaña

 nido

 patio de recreo

 piernas

 techo

 tobogán

Usas tus 🙌 y 🦵 para trepar.

Al trepar vas hacia arriba.

El obrero trepa una para arreglar el .

Los trepan una para apagar un incendio.

La gente trepa una para ver muchas cosas desde la cima.

La gente trepa una .

Se toman de la .

Un puede trepar un .

Se come una en la cima.

Una también puede trepar un .

Hace un en las ramas.

Los niños trepan en
el .

Se turnan para jugar
en la red.

Tú también puedes trepar.

Ahora deslízate por el .

# Palabras para aprender

**cima** la parte más alta de algo

**obrero** alguien que arregla cosas

**trepar** usar tus brazos y piernas
para subir

# Datos biográficos de la autora

Dana Meachen Rau es autora, editora e ilustradora. Graduada de Trinity College en Hartford, Connecticut, ha escrito más de cien libros para niños, incluyendo libros de no ficción, biografías, libros de lectura inicial y ficción histórica. Le gusta trepar grandes rocas cerca de su casa en Burlington, Connecticut.

# Datos biográficos de la asesora de lectura

Nanci R. Vargus, Dra. en Ed., quiere que todos los niños disfruten con la lectura. Ella solía enseñar el primer grado. Ahora trabaja en la Universidad de Indianápolis. Nanci ayuda a los jóvenes para que sean maestros. A Nanci le gusta trepar sitios poco empinados en nuestros parques nacionales, pero su hija Abigail se enfrentó al gran reto del monte Kilimanjaro.

Marshall Cavendish Benchmark
99 White Plains Road
Tarrytown, NY 10591-9001
www.marshallcavendish.us

Library of Congress Cataloging-in-Publication Data

Rau, Dana Meachen, 1971–
[Climbing. Spanish]
¡A trepar! / by Dana Meachen Rau. — Ed. en español.
p. cm. — (Benchmark rebus)
Summary: Easy-to-read text with rebuses explores things you can climb, including mountains, trees, and ladders.
ISBN-13: 978-0-7614-2424-6 (edición en español)
ISBN-10: 0-7614-2424-5 (edición en español)
ISBN-13: 978-0-7614-2318-8 (English edition)
1. Rebuses. [1. Motion—Fiction. 2. Rebuses. 3. Spanish language materials.] I. Title.

PZ73.R278 2006
[E]—dc22
2006015876

Editora: Christine Florie
Directora editorial: Michelle Bisson
Directora de arte: Anahid Hamparian
Diseñadora de la serie: Virginia Pope

Traducción y composición gráfica en español de Victory Productions, Inc.
www.victoryprd.com

Investigación fotográfica de Connie Gardner

Las imágenes provistas para los pictogramas son cortesía de *Dorling Kindersley*.

Fotografía de la cubierta de CORBIS/exenta de regalías

Los permisos de las fotografías utilizadas en este libro son cortesía de: *Corbis*: p. 5 Dan Mason; p. 9 Ralf-Finn Hestoft; p. 11 John Henley; p. 13 James P. Blair; p. 17 Gary W. Carter; p. 19 Jennie Woodcock/Reflections PhotoLibrary; p. 21 Ariel Skelley; *Getty*: p. 7 Brand X Pictures; *Peter Arnold*: p. 15 Mason Fischer.

Impreso en Malasia
1  3  5  6  4  2